Think in Italian!

Pensa in Italiano!

Usa tutti i tuoi sensi per acquisire l'italiano

Use all your senses to acquire Italian

Carte 1 - 50

di

Antonio Libertino

PUBLISHED BY:

Antonio Libertino on Createspace

Think in Italian! Pensa in Italiano!

Copyright © 2011 by Antonio Libertino

Music: © Kevin MacLeod

ISBN-13: 978-1470017262

ISBN-10: 1470017261

This book is dedicated to the many researchers that had the same question I had in mind.

Questo libro è dedicato ai tanti ricercatori che avevano in mente la mia stessa domanda.

STOP!!! READ THIS FIRST!

To use this book the way it was conceived you need the related audio files. To download the audio files for FREE **go to the end of this book**.

I drew the drawing myself. Some days I was more inspired, some days I just freely inspired myself with pictures seen on the internet (44 and 47 for instance), and in some others I was feeling a little child while drawing. Drawings were not intended to be a masterpiece, they are only intended to give you a cue in order to remember the expression, and to show you how you can create your own drawings for your future Italian flash cards.

FERMATI!!! Prima leggi questo!

Per usare questo libro al meglio hai bisogno dei relativi audio file. Per scaricare gli audio GRATUITAMENTE **vai alla fine di questo libro**.

Ho fatto i disegni personalmente. In alcuni giorni ero più ispirato, in altri mi sono ispirato liberamente con immagini viste su internet (44 e 47 ad esempio), e in altri ancora mi sentivo come un bambino piccolo che disegnava. I disegni non volevano essere un capolavoro, servono solo a darti un indizio per ricordare l'espressione e per mostrarti come tu puoi creare i tuoi disegni per le tue prossime carte dell'italiano.

CONTENTS

Introduction

Think in Italian is a little introduction to the Italian language directly in Italian. As you will notice, by using this book, there are not translations of the sentences in English…Why? Because the goal of this book is to let you think in Italian as much as possible. Besides, if you understand everything is written thanks to pictures, what do you need translations for?

Consider *Think in Italian* like a collection of flash cards in Italian. There are fifty cards. Each of them includes words, expressions and sentences commonly used in the Italian language.

How can you use these cards? If you haven't yet, *go and download the FREE audio.* The first time, listen to the audio as you read and look at the cards.

Introduzione

Pensa in Italiano è una piccola introduzione alla lingua italiana direttamente in italiano. Come noterai, usando questo libro, non ci sono traduzioni delle frasi in lingua inglese...Perché? Perché l'obiettivo di questo libro è di farti pensare il più possibile in italiano. E poi a cosa servono le traduzioni se puoi capire tutto quello che c'è scritto grazie alle immagini?

Considera **Pensa in italiano** come una raccolta di *flash card* in italiano. Ce ne sono cinquanta (50). Ognuna di esse include parole, espressioni e frasi comunemente usate in lingua italiana.

Come puoi usare queste carte? Se non l'hai ancora fatto, ***vai a scaricare l'audio gratuito.*** Ascolta una prima volta una parte dell'audio mentre leggi e guardi le carte.

In each card there's a question or a sentence to complete. Make an intelligent guess before looking at the answer in the back page. Answer as fast as you can. Doing this will activate the right part of your brain, the one in charge for automatic responses. This way the acquiring of the language will be easier. At this point check the answer.

Practice as often as you can and for brief periods. Take this little book with you and use **Think in Italian** every time you have the chance.

After studying them actively, you can practice passive listening too. How can you do passive listening? You put the audio at a very low volume as you do something else (i.e.: *house cleaning, jogging, driving, etc.*). According to Vera F. Birkenbihl, famous German trainer, passive listening does make sense only for the audios you already decoded, that is the ones you already fully understand. That is the only case when passive listening works!

Remember that the idea is to **Think in Italian** and to avoid your mother tongue.

Have fun with **Think in Italian**!

In ogni carta c'è una domanda o una frase da completare. Fai un tentativo intelligente di rispondere prima di guardare la risposta sul retro della pagina . Rispondi il più velocemente possibile. Fare così attiverà la parte destra del tuo cervello, quella che si occupa delle risposte automatiche. In questo modo l'acquisizione della lingua sarà più facile. A questo punto controlla la risposta.

Pratica spesso e per brevi periodi. Porta questo libricino con te e usa *Pensa in Italiano* ogni volta che ne hai la possibilità.

Dopo aver studiato le carte attivamente, puoi praticare anche l'ascolto passivo. Come si fa l'ascolto passivo? Si mette l'audio ad un volume molto basso, mentre si fa qualcosa d'altro (es.: *fare le pulizie, jogging, guidare in auto, ecc.*). Secondo Vera F. Birkenbihl, famosa formatrice tedesca, l'ascolto passivo ha senso solo per gli audio già decodificati, cioè pienamente compresi. Ecco perché in questo caso funziona!

Ricorda che l'idea è di *Pensare in Italiano* e di evitare la tua madrelingua.

Buon divertimento con *Pensa in Italiano*!

How this book works

There are several style conventions.

[] indicates whether the register is formal or informal, or what you can put in the sentence.

~ Indicates the beginning of side two of the flash card

Bold indicates new words used in side one of the flash card in its basic form

-> Indicates a related subject that you could study further or some synonyms.

Come funziona questo libro

Ci sono diverse convenzioni di stile.

[] indicano se i registro è formale o informale oppure cosa si può mettere nella frase.

~ Indica che inizia il lato posteriore della flash card

Grassetto indica le parole nuove usate nel lato anteriore della carta nella loro forma base

-> Indica un argomento collegato che si potrebbe approfondire oppure i sinonimi

1.

Buongiorno! (Io) mi chiamo Antonio Libertino.

E tu? Come ti chiami? [*informale*]

E Lei? Come si chiama? [*formale*]

~

chiamarsi

(Io) mi chiamo _____ [*nome]*

->Verbi riflessivi

2.

(Io) faccio l'insegnante.

E tu? Che lavoro fai? *[informale]*

E Lei? Che lavoro fa? *[formale]*

~

fare

il lavoro, i lavori

Anch'io faccio l'insegnante.

Faccio __ _____ [*professione*]

->*Professioni e mestieri*

->*Verbo fare*

3.

(Io) sono di Tropea. Sono Italiano.

E tu? Di dove sei? [*informale*]

E Lei? Di dov'è? [*formale*]

~

Essere

Sono di _____ [*città*] ,

Sono _____

[es.: Londra, New York, Amsterdam, ecc.]

->*Verbo essere*

->*Nazionalità*

4.

(Io) abito a S. Domenica, in Italia.

E tu? Dove abiti?

E Lei? Dove abita?

~

abitare

(Io) abito a _____ [*città*], in _____ [*Stato*]

->Verbi regolari [-are]

5.

Ho trentacinque [35] anni.

E tu? Quanti anni hai? [*informale*]

E Lei? Quanti anni ha? [*formale*]

~

avere

l'anno, gli anni

(Io) ho _____ anni.

->Verbo avere

6.

(Io) parlo (l') italiano, (il) tedesco e (l')inglese.

. E tu? Che lingue parli? [*informale*]

E Lei? Che lingue parla? [*formale*]

~

parlare

la lingua, le lingue

.

(Io) parlo (l')italiano molto bene!

->Lingue e nazionalità

7.

(Io) sono sposato e ho due figli.

A) E tu, Claudio? Sei sposato? Hai figli?

B) E tu, Francesca? Sei sposata? Hai figli?

C) E Lei, **signor** Geniale? È sposat**o**? Ha figli?

D) E Lei, **signora** Geniale? È sposat**a**? Ha figli?

~

sposato, sposata

il figlio, la figlia, i figli, le figlie

A) Sì, sono sposato/sposata e ho un figlio/ due [____] figli.

B) Sì, sono sposato/sposata, ma non ho figli.

C) No, non sono sposato/sposata e non ho figli.

D) No, non sono sposato/sposata, ma ho due figli.

->Sposato, divorziato, separato, single, fidanzato

8.

Mi piace leggere, guardare i film e fare jogging.

E a te? Cosa ti piace fare? [*informale*]

E a Lei? Cosa Le piace fare? [*formale*]

~

piacere

guardare un film

fare jogging

leggere

A me piace _____

=

Mi piace _____

->verbo piacere

9.

Marcus è di Vienna. È italiano o austriaco?

E tu? Sei italiano/italiana? [*informale*]

E Lei? È italiano/italiana? [*formale*]

~

Marcus non è italiano, è austriaco.

Io, invece, sono _____ [*nazionalità*]

10.

John è di Londra. È inglese o americano?

E tu? Sei americano/americana o inglese?

E Lei? È americano/americana o inglese?

~

John non è americano, è inglese.

Io non sono né americano, né inglese. Sono _____.

Non sono inglese, sono americano/americana.

Non sono americano/americana, sono inglese.

11.

Yang è di Pechino. È giapponese o cinese?

E tu? Sei giapponese o cinese? *[informale]*

E Lei? È giapponese o cinese?*[formale]*

~

Yang non è giapponese, è cinese.

Io non sono né cinese, né giapponese. Sono_____

(Io) non sono giapponese, sono cinese.

Non sono cinese, sono giapponese.

12.

Christine è di Monaco di Baviera. È tedesca o svizzera?

E tu? Di che nazionalità sei? [*informale*]

E Lei? Di che nazionalità è? [*formale*]

~

Christine non è svizzera. È tedesca.

Anch'io sono svizzero/svizzera.

Io, invece, sono _____.

13.

Che lavoro fa Giulio?

E tu? Che lavoro fai? [*informale*]

E Lei? Che lavoro fa?

~

Giulio fa l'impiegato di banca.

Io, invece, faccio ___ _____

14.

Marco fa il pittore o l'imbianchino?

E il tuo migliore amico? Che lavoro fa?

E la tua migliore amica? Che lavoro fa?

~

Marco non fa l'imbianchino, fa il pittore.

Il mio migliore amico fa __ _____.

La mia migliore amica fa __ _____.

15.

Giulia fa la commessa o la pittrice?

Dove lavora?

~

Giulia fa la commessa.

Lavora in un negozio di vestiti.

16.

Francesca fa la casalinga o la commessa?

Dove lavora?

~

Francesca fa la casalinga.

Lavora a casa sua.

17.

Che lavoro fa Paola?

Dove lavora?

~

Paola fa l'infermiera.

Lavora in ospedale.

18.

Che lavoro fa Nunzio?

Dove lavora?

Che lavoro fa Nunzia?

Dove lavora.

~

Nunzio fa il cameriere.

Lavora in un ristorante / al ristorante da Michele.

Nunzia fa la cameriera.

Lavora in un bar / al bar Tre Stelle.

19.

Che lavoro fa Antonio?

Dove lavora?

~

Antonio fa l'insegnante.

Lavora a scuola / alla scuola d'italiano per stranieri.

20.

Che lavoro fa Alessandra?

Dove lavora?

~

Alessandra fa la segretaria.

Lavora in ufficio.

21.

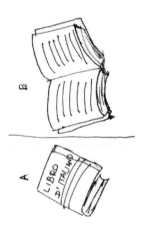

A) Che cos'è questo?

A) + B) Che cosa sono questi?

2

A)   È un libro.

A) + B)   Sono due libri.

22.

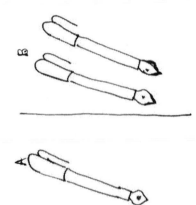

A) Che cos'è questa?

B) Che cosa sono queste?

2

A) È una penna.

B) Sono due penne.

23.

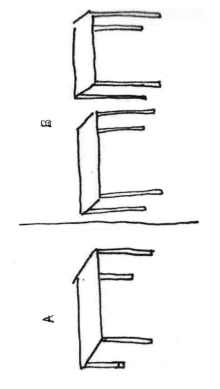

A) Che cos'è questo?

B) Che cosa sono questi?

?

A) È un tavolo.

B) Sono due tavoli.

24.

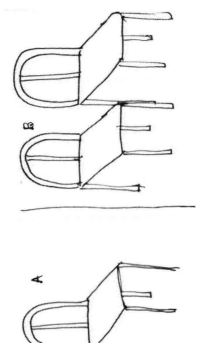

A) Che cos'è questa?

B) Che cosa sono queste?

2

A) È una sedia.

B) Sono due sedie.

25.

A) Che cos'è questo?

B) Che cosa sono questi?

2

A) È un divano.

B) Sono due divani.

26.

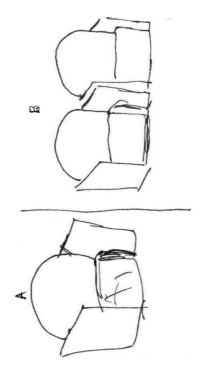

A) Che cos'è questa?

B) Che cosa sono queste?

2

A) È una poltrona.

B) Sono due poltrone.

27.

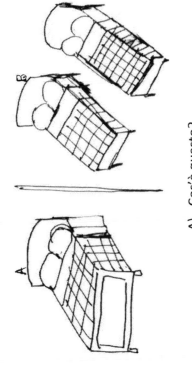

A) Cos'è questo?

B) Cosa sono questi?

2

A) È un letto.

B) Sono due letti.

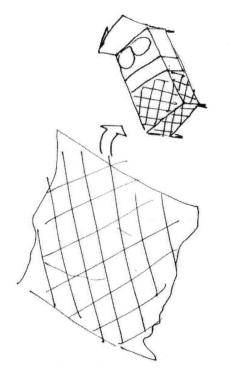

Cos'è questa?

È una coperta.

2

E tu? Quante coperte hai nel tuo letto?

29.

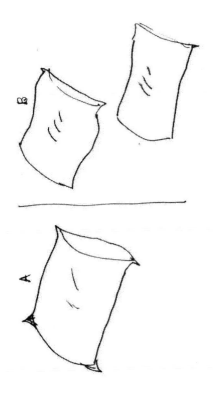

A) Cos'è questo?

B) Cosa sono questi?

2

A) È un cuscino.

B) Sono due cuscini.

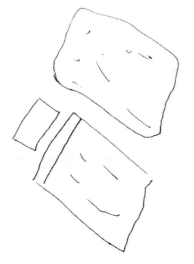

Ci sono altre cose in un letto?

Sì, ci sono le lenzuola.

Antonio vede la campana?

No, ma la sente.

Giulio vede il formaggio puzzolente?

No, ma ne sente l'odore (o la puzza).

Antonio vede la zuppa?

No, ma ne sente il sapore.

2

Antonio vede il cane?

2

No, ma lo tocca.

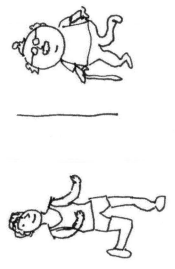

Il ragazzo è giovane, l'uomo, invece, è _____

2

L'uomo è anziano, il ragazzo, invece, è _____

36.

Il caffè è caldo, la birra, invece, è _____ .

La birra è fredda, il caffè, invece, è _____.

2

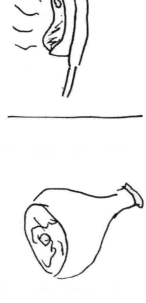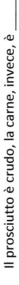

Il prosciutto è crudo, la carne, invece, è _____ .

La carne è cotta, il prosciutto, invece, è _____.

2

TROPEA

New YORK

A Tropea le strade sono strette, a New York, invece, sono _____ .

A New York le strade sono larghe, a Tropea, invece, sono _____.

39.

La tartaruga è lenta, il leone, invece, è _____.

Il leone è veloce, la tartaruga, invece, è _____ .

2

40.

Alfredo è povero, Silvio, invece, è _____.

Silvio è ricco, Alfredo, invece, è _____.

2

41.

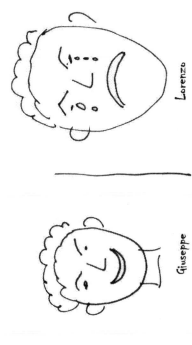

Giuseppe è felice, Lorenzo, invece, è _____ .

Lorenzo è triste, Giuseppe, invece, è _____ .

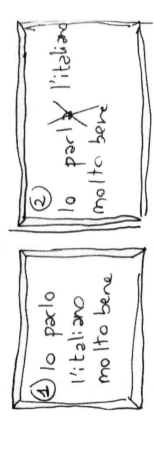

① Io parlo
l'italiano
molto bene

② Io parla l'italiano
molto bene

La frase numero 1 è giusta. La frase numero 2 è _____.

La frase numero 2 è sbagliata. La frase numero 1 è _____.

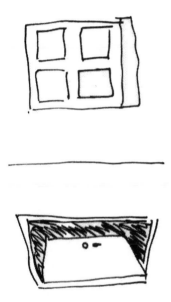

La porta è aperta, la finestra, invece, è _____ .

La finestra è chiusa, la porta, invece è _____.

2

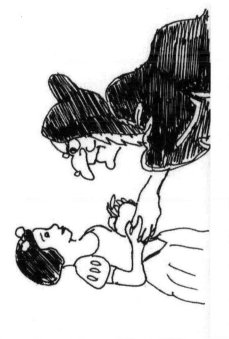

La strega è cattiva, Biancaneve, invece, è _____ .

Biancaneve è buona, la strega, invece, è _____.

45.

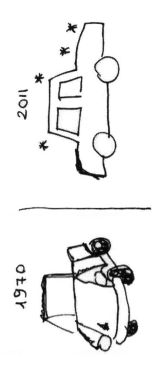

La macchina del millenovecentosettanta è vecchia, la macchina del 2011, invece, è _____.

La macchina del 2011 è nuova, la macchina del 1970, invece, è vecchia.

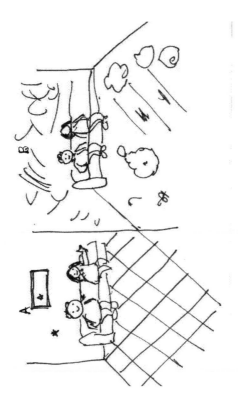

La nostra casa è pulita (A) ; la loro (B), invece, è _____ .

La loro casa (B) è sporca; la nostra (A), invece, è _____ .

Stanlio è magro; Ollio, invece, è _____ .

Ollio è grasso; Stanlio, invece, è _____.

48.

La poltrona di Mario (la sua poltrona) è comoda; quella di Maria, invece è _____ .

La poltrona di Maria (la sua poltrona) è scomoda; quella di Mario, invece, è _____ .

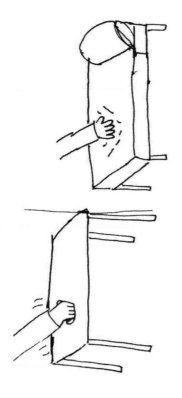

Il tavolo è duro; il letto, invece, è morbido.

Il letto è morbido; il tavolo, invece, è _____ .

2

I vestiti di Antonio sono asciutti; quelli di Rosa, invece, sono _____.

I vestiti di Rosa sono bagnati; quelli di Antonio, invece, sono _____.

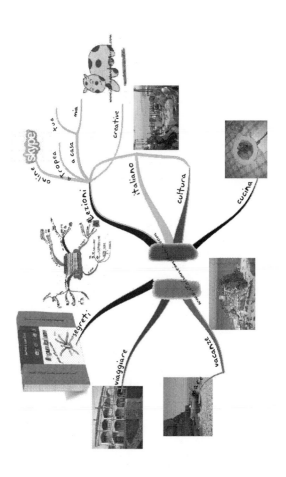

online e cucina
skype
tua
mia
europea
a casa
creative
lezioni
italiano
cultura
cucina
segreti
viaggiare
vacanze

CONGRATULAZIONI!

You've read and practiced all the expressions in this little book! Now, you are able to say what your name is, to talk about your nationality and some other little thing in Italian. That's a good start!

Now, is there anything else you could do to **go on with your Italian**?

Well, you could create your own flash cards, I guess you know the method by now.

In case you like to learn with a teacher, you could come and **learn Italian in Italy, Tropea**, where I live, to enjoy all the natural beauties and the delicious food that my home town offers.

Can you imagine the **crystal-clear sea**, where you can swim here in Tropea? Add a bit of **sun**, a pinch of **people's warmth** and the chance to **speak Italian** with friendly locals as well as a certified teacher at your disposal. In Tropea you will be able to do many games, conversations and exercises to make your Italian automatic.

CONGRATULAZIONI!

Hai letto e praticato tutte le espressioni contenute in questo libricino! Adesso, sei in grado di dire come ti chiami, di parlare della tua nazionalità e qualche altra piccola cosa in italiano. È un buon inizio!

Adesso, c'è qualcos'altro che potresti fare per **continuare con il tuo italiano?**

Be', potresti creare le tue carte personalizzate, suppongo che tu conosca il metodo ormai

Nel caso in cui tu voglia imparare con un insegnante, potresti venire a **imparare l'italiano in Italia, a Tropea,** dove vivo, a goderti tutte le bellezze naturali e il cibo delizioso che la mia città natale offre.

Puoi immaginare il **mare cristallino** in cui potresti nuotare qui a Tropea? Aggiungici un po' di **sole,** un pizzico di **calore umano,** l'opportunità di **parlare in italiano** con gli amichevoli abitanti del luogo, nonché un insegnante certificato a tua disposizione. A Tropea potrai fare tanti giochi, conversazioni ed esercizi per rendere il tuo italiano automatico.

Can't you come to Tropea? **Meet your teacher online**! Here you have the pros of online learning:

*You meet the teacher at your place;

*You decide how often you want to do it;

*You will reach your goals with the right motivation;

*You decide how much you want to spend, arranging how often you want to attend (once a day, once a week, twice a month, etc.)

*You get the first lesson for FREE!

Do you like to learn on your own? Check my other books, they are suitable for self study!

For more information and details, *visit: www.speakitalianmagically.com and www.italianoinitalia.com .*

Non puoi venire a Tropea? **Incontra il tuo insegnante online!** Ecco i vantaggi dell'apprendimento online:

*Incontri l'insegnante a casa tua;

*Decidi la frequenza degli incontri;

*Raggiungerai i tuoi obiettivi con la giusta motivazione;

*Decidi quanto vuoi spendere, stabilendo la frequenza delle lezioni (una volta al giorno, una volta alla settimana, due volte al mese, ecc.)

*La prima lezione è GRATIS!

Ti piace studiare da solo? Dai un'occhiata ai miei altri libri, adatti all'autoapprendimento!

Per maggiori informazioni e dettagli, visita: www.speakitalianmagically.com e www.italianoinitalia.com.

ABOUT THE AUTHOR

Antonio Libertino is a widely experienced teacher who has also learned English and German. In fact he loves language and cultures, both Italian and foreign, and for this reason he took the Ditals (the certificate for teaching Italian to foreigners issued by the Università per Stranieri di Siena), earned the Certificate of Advanced English and went to Ferrero in Frankfurt to learn German in the winter of 2003. There he ate three kilos of Nutella (Italian creamy chocolate) in three months but he didn't put on too much weight. Now he teaches Italian to foreigners—adults and youngsters from every nationality.

He can be reached at: **www.italianoinitalia.com**   **Email: info@italianoinitalia.com**

OTHER BOOKS FROM ANTONIO LIBERTINO

RISVEGLIA IL TUO ITALIANO! AWAKEN YOUR ITALIAN!

What if you could learn something useful for yourself and your life while learning a new language?

With Awaken Your Italian! you will:

*Finally set your goal of practicing the language;

* Learn how to relax at will before speaking Italian;

*Relax while learning new empowering words and techniques as well as the Italian language that conveys them;

*Have fun with five key lessons in mental training where the main character is YOU!

Awaken Your Italian features :

*Parallel text English and Italian for most of the book *

*Accelerated learning methods to help you absorb the language faster!

* No memorization exercises!

* 10 audio files are also included to listen to each Italian lesson twice, bilingual and only Italian version.

*Especially suitable for intermediate learners, it could also be understood by absolute beginners thanks to English translations!

Please buy this book only if you are ready to take a ride in new whole brain methods to learn!

Also available as 5 mini eBooks.

PARLA L'ITALIANO MAGICAMENTE! SPEAK ITALIAN MAGICALLY

What if you could Speak Italian Magically? If you are reading this, it means that YOU really want to speak Italian. Imagine YOU being already able to speak Italian and fluently, how would you feel? Excited, happy? Yes, of course! What if you could have fun and enjoy the learning process too? Wouldn't it be great? With Speak Italian Magically YOU will:

* Travel to Italy and visit some of the most beautiful Italian cities!

* Relax while learning new words and every day Italian expressions!

* Have fun with ten magic adventures into Italy and Italian, where the main character is YOU!

* Begin to think in Italian!* Refresh Italian you might have learned previously!

Speak Italian Magically features:

* Accelerated learning methods to help you absorb the language faster

* No memorization exercises

* 20 audio files are also available to listen to each Italian adventure twice, bilingual and only Italian version. The first two audios are now available for free (link provided). The remaining audio files are available in several eBook stores. With the paperback version you get the files included in the price.

THE SECRETS OF THE ITALIAN LANGUAGE
I SEGRETI DELLA LINGUA ITALIANA PER STRANIERI

A simple but effective method to learn the language of love, music and culture while having fun. It is a book to always keep next to other Italian books and courses. It will help you while learning the Italian language, either if you study by yourself or if you take a class. Here is the basic idea of this English speaker oriented manual: the horizontal format on two columns (with English parallel text) lets you discover the tricks of learning the language directly in Italian, as well as Tony Buzan's mind maps. **An audiobook on mp3 is included for free!** The book has been updated, revised and expanded in the second edition. Also available as eBook.

IMPARIAMO L'ITALIANO A TROPEA...

Do you love Italy and dream of it every night? Would you like to visit one of the most beautiful Italian sea towns? What if you could refresh Italian at the same time too? Whether you have been to Tropea or not, this litte book, entirely written in Italian, will let you feel as if you were there! You will actually get cultural information about the wonderful Tropea as well as everyday dialogues, useful sentences and basic Italian grammar. Who said that learning Italian can't be fun? And you get **an audiobook for free too!**

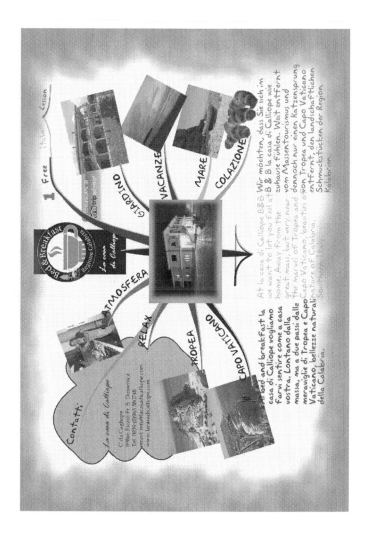

DOWNLOAD THE AUDIO FILES – SCARICA GLI AUDIO

Per scaricare gli audio vai su: http://speakitalianmagically.com/other-books-to-learn-italian/penso/ e inserisci la seguente password:

iopensoitaliano

To download the audio files go to: http://speakitalianmagically.com/other-books-to-learn-italian/penso/ and insert the following password:

iopensoitaliano